LES EX-LIBRIS

DE LA

FAMILLE DE WATTEVILLE

OUVRAGES DU MÊME AUTEUR

Rapport du Jury international (Exposition de 1867); globes, cartes, appareils pour l'enseignement de la géographie. In-8°, Paul Dupont, 1867 (*épuisé*).

Rapport sur les Bibliothèques scolaires, depuis l'origine jusqu'en 1866. Imprimerie impériale, in-8°, 1867 (*épuisé*).

Rapport au Ministre de l'Instruction publique sur la collection des documents inédits de l'histoire de France et sur les actes du Comité des travaux historiques. In-4°, Imprimerie nationale, 1874.

Rapport au Ministre de l'Instruction publique sur le service des missions et voyages scientifiques en 1874. In-8°, Imprimerie nationale, 1875 (*épuisé*).

Rapport au Ministre de l'Instruction publique sur le service des missions et voyages scientifiques en 1876. In-8°, Imprimerie nationale, 1877 (*épuisé*).

Rapport au Ministre de l'Instruction publique sur l'emploi de la photographie dans les établissements scientifiques et littéraires dépendant du Ministère. In-4°, Imprimerie nationale, 1877.

Rapport au Ministre de l'Instruction publique sur le Muséum ethnographique des missions scientifiques. In-8°, Imprimerie nationale, 1877 (*épuisé*).

Rapport a M. Bardoux, ministre de l'Instruction publique, sur le service des bibliothèques scolaires (1866-1877). In-8°, Paris, Imprimerie nationale, 1879.

Rapport administratif sur l'exposition spéciale du Ministère de l'Instruction publique à l'Exposition de 1878. In-8°, Paris, Hachette et Cⁱᵒ, 1886.

Résumé des principes de la science héraldique. In-12, avec planches, Paris, Didot, 1857 (*épuisé*).

Études sur les devises personnelles et les dictons populaires. Paris, Émile Lechevalier, 39, quai des Grands-Augustins, brochure in-8°, 1888.

Le Cri de guerre chez les différents peuples. Paris, Émile Lechevalier, brochure in-8°, 1889.

Un intérieur de grand seigneur français au XVᵉ siècle. Paris, Émile Lechevalier, brochure in-8°, 1890 (*épuisé*).

Comment le Roi de Rome devint duc de Reichstadt. Paris, Émile Lechevalier, brochure in-8°, 1890.

Lettre d'un collectionneur à M. Spire Blondel, auteur du livre des Fumeurs. Paris, H. Laurens, 6, rue de Tournon, brochure grand in-8°, 1891 (*épuisé*).

De la création d'une noblesse nationale aux États-Unis. Paris, Émile Lechevalier, brochure in-8°, 1892.

A propos d'une bibliographie Napoléonienne. Paris, Émile Lechevalier, in-8°, 1894.

Un Murat inconnu, brochure in-8°. Paris, Émile Lechevalier, 1894.

Le Régiment de Watteville, une page de son histoire, 1789-1792. Paris, Émile Lechevalier et Klincksieck, in-8°, 1898.

LES EX-LIBRIS

DE LA

FAMILLE DE WATTEVILLE

PAR

Os. baron de Watteville

et

L. Ol. baron de Watteville

———

PARIS

Em. LECHEVALIER

39, Quai des Grands-Augustins.

KLINCKSIECK

17, Rue de Lille.

Tiré à deux cents exemplaires.

LES EX-LIBRIS
DE LA FAMILLE DE WATTEVILLE

« Es Watteville sont gens de qualités [1] »….. Un tel éloge paraî-trait aujourd'hui de mince importance, s'il ne sortait de la plume si fréquemment dénigrante de l'illustre écrivain titré de duc de Saint-Simon qui, en dehors de l'antiquité problématique de sa race, reconnaissait à peine comme gentilshommes les ducs et pairs avec lesquels il marchait.

Puis, il faut le remarquer, sous l'ancien régime, dont la langue spéciale est maintenant un peu oubliée, surtout dans ses nuances, on appelait *homme de qualité* celui qui n'avait pas été anobli et dont la famille apparte-nait à l'ancienne chevalerie, celui qu'auparavant on appelait gentilhomme de nom et d'armes [2].

Quoi qu'il en soit, contentons-nous de dire que la famille de Watteville remonte authentiquement à la fondation de Berne [3] dont elle est une des douze familles patriciennes; qu'elle a essaimé en France, en Espagne, en Italie, en Hollande, en Angleterre, en Allemagne; qu'une douzaine de ses membres sont morts sous les drapeaux français; qu'elle a marqué dans l'histoire et qu'on retrouve son nom sur les listes glorieuses de la Toison d'or, de l'Annonciade, de Saint-Louis et du Mérite militaire, de la Légion d'honneur, etc.

Si le maréchal Bugeaud avait pris pour devise : *Ense et aratro*, les Wat-teville auraient pu prendre *Ense et libro*. A côté des militaires, ils comptent

---

1. *Mémoires*, t. III, p. 342. Édition Chéruel.

2. « Si on avait dit d'un homme de qualité c'est un noble, il s'en serait choqué; noble voulait dire, dans ce sens, un anobli ». Maréchal de Castellane, *Journal*, t. Ier, p. 344.

3. Ulric de Watteville fit partie, en 1226, du premier Conseil souverain de Berne. *Geschichte der Stadt von Bern*, von Ed. de Wattenvyl, t. Ier, p. 60.

quelques écrivains qui ont laissé soit des travaux historiques, soit des recueils justement estimés sur l'économie politique, la législation, l'admi- nistration. Après eux vient un nombre relativement considérable de biblio- philes, ayant possédé d'importantes collections dont on retrouve encore les *membra disjecta,* reconnaissables aux fers à dorer, aux Ex-libris dont ils sont ornés.

Ces Ex-libris sont-ils tous décrits? — Nous ne le croyons pas. Dans son remarquable traité des Ex-libris suisses [1], M. le pasteur Gerster en cite une dizaine, plus un fer à dorer. Nous avons été assez heureux pour pouvoir augmenter un peu le nombre de ces pièces, et nous espérons que notre tâche n'est pas terminée. Avec l'aide de M. Gerster, avec nos notes et nos collections personnelles, essayons de mettre en lumière tous ceux qui sont actuellement connus.

Mais avant d'aborder ce travail, il faut remarquer que, suivant la contrée qu'ils habitaient, les Watteville, pour se conformer aux usages, aux lois de la prononciation, ont dû modifier l'orthographe de leur nom. Tous descendent directement de la vieille souche bernoise qui a gardé le nom d'origine Wattenwyl [2] ; ainsi ont fait les branches allemandes et hollan- daises. Mais Wattenwyl est devenu Vateville et Watteville, en France ; en Espagne, Batteville, etc. Cependant, toutes ces branches ont conservé sans modifications, ni brisures ni écartelures, les armes primitives. Tous les Ex-libris, les fers à dorer portent : *de gueules à trois demi-vols d'argent posés 2 et 1.* L'Écu surmonté d'une couronne ou d'un casque d'où sort une Vierge ailée et sans bras, vêtue aux couleurs de l'écu. Les couronnes sont tantôt de barons [3], tantôt de marquis, car les marquisats de Versoix (dans le pays de Gex), de Conflans (en Tarentaise), d'Usiès (en Franche-Comté), de Trélon (en Hainaut), etc., ont appartenu à la famille.

LES EX-LIBRIS

Les plus anciens de tous, sans discussion possible, sont ceux sur les- quels les émaux ne sont pas indiqués par ces ingénieuses hachures, inven- tées, suivant les uns, par le Flamand Butkens, en 1626 ; suivant les autres, par le P. Petra Sancta, en 1638. — Tout ce que l'on peut affirmer c'est que ce système fut assez long à se faire adopter, car en 1676 le P. Anselme n'avait pas encore osé l'employer dans la première édition de son célèbre ouvrage, non plus que dans les éditions suivantes.

1. *Die Schweizerischen Bibliothek Zeischen von Gerster Pfarrer,* 1 vol. in-4°, p. 101 et 102.
2. Wattenwyl nous semble dériver : 1° de la terminaison wyl, très fréquente en Suisse et qui vient du latin *villa.* « Villa est sans contredit l'un des termes les plus usités du *Dictionnaire géographique.* Il signifiait, sous les Gallo-Romains, une grande propriété particulière composée de bâti- ments et de biens ruraux. » Cocheris, *Origine des noms de lieux,* p. 83. En Suisse, comme en France, ce vocable est très commun.
Quant à Watten, il dérive du vieil haut allemand et signifie gué. Wattenwyl équivaut donc à Château du Gué.
Le berceau de la famille fut le village de Wattwyl, dans le Haut Toggenburg, aujourd'hui canton de Saint-Gall, sur les bords de la Thur ; plus tard, elle vint se fixer près de Berne, non loin de Thoun, et sa résidence prit le nom de Wattenwyl.
3. Le titre de baron est porté indistinctement par tous les membres de la famille. Baron, *liber Baro,* disait-on à l'origine, a exactement le même sens que le *Freyherr* des Suisses et des Allemands. Il désigne le seigneur indépendant dont le fief relevait directement et uniquement du Chef de l'État, Roi ou Empereur, sans aucun lien de vassalité quelconque avec d'autres.

Or, dans la collection qui nous occupe, dès le début l'on trouve trois Ex-libris sans hachures, et partant sans indications d'émaux.

§ I. Le plus ancien, du moins nous le croyons, a été attribué, par M. Adolphe Geering, libraire et antiquaire à Bâle[1], à Jean-François de Watteville, colonel au service de France, au xvii° siècle, et sur lequel nous allons avoir bientôt à revenir. Nous croyons, nous, qu'il doit avoir appartenu à son père, Jean de Watteville, né en 1541, mort en 1604. Le dessin et la gravure de cette pièce dénotent un des bons élèves de Jost Ammann, le plus excellent des artistes héraldistes allemands du xvi° siècle. D'autres indices encore nous confirment dans cette opinion :

Jean de Watteville fut seigneur de Hofen et d'Illiswyl. Pour ses grands services il fut successivement nommé Avoyer de Berne[2], en 1582; puis général des Bernois dans la guerre de Savoie, en 1589. Accusé d'avoir marqué trop de fermeté, de sévérité même dans son commandement, « le peuple obtint par ses cris qu'il fût démis de ses charges, mais on lui en conserva les titres et les prérogatives avec sa place dans le Souverain Conseil[3] ». Plus tard, on voulut le réintégrer complètement dans ses charges. Mais blessé, non sans raison il refusa toute réparation, fidèle à la devise qu'il avait adoptée dans son injuste disgrâce : « *Ingratis servire nefas ;* » il refusa de reprendre tout service. Cette devise fut conservée par quelques-uns de ses descendants. Nous en connaissons qui auraient pu se l'approprier.

L'Ex-Libris dont nous parlons, largement, énergiquement dessiné, est du style allemand le plus pur du xvi° siècle. La forme de l'écu, les amples lambrequins, la Vierge qui surmonte le casque et sert de cimier, enfin la vieille et pieuse devise de la famille, *Sub umbra alarum tuarum protege me Domine*[4], qui, dans un élégant listel, est placée en haut de la gravure, tout prouve que l'œuvre est antérieure à 1589, époque où Jean changea de devise, comme nous venons de le dire. La hauteur de cette pièce est de 110 ᵐᵐ; sa largeur de 120 ᵐᵐ.

Mais il est encore un détail rare, spécial à cette planche, et qui mérite d'attirer l'attention. La Vierge du cimier, le casque et les demi-vols de l'écu sont tous contournés, c'est-à-dire qu'au lieu d'être tournés vers la gauche (héraldique) de l'écu, ils regardent la droite[5].

Dans son remarquable traité des Ex-libris suisses[6], M. le pasteur Gerster explique cette anomalie en parlant de la famille Steiger : « Les meilleurs, les plus anciens Ex-libris, dit-il, étaient intentionnellement contournés pour que, en étant placés à côté du titre de l'ouvrage, le regardant pour ainsi dire, ils pussent indiquer le droit du propriétaire de la pièce sur le volume. Mal-

---

1. M. Geering, propriétaire du seul exemplaire original connu, a autorisé M. le pasteur Gerster à le faire reproduire en fac-similé. A son tour, M. Gerster, avec une obligeance infinie, nous a communiqué son cliché, ce dont nous le remercions cordialement.

2. Premier magistrat de la République.

3. La Chesnaye-Desbois, troisième édition, t. XVIII, colonne 1021.

4. Variante de la devise « Protege nos... ». Cette devise, comme celle de « Ad altum », fréquemment employée, est allusive aux demi-vols des armoiries.

5. Il existe de cette pièce une contrefaçon. Mais le graveur, trop intelligent, ignorant la règle posée par M. le pasteur Gerster, a cru devoir corriger le modèle, il a redressé les pièces contournées et a dessiné Vierge et demi-vols regardant la droite héraldique de l'écu !

6. *Loc. cit.*, p. 12.

heureusement, ajoute-t-il, cette règle n'a pas toujours été observée, et dans les temps récents elle n'a plus été suivie [1] ».

§ II. Or, ce Jean de Watteville, dont nous venons de parler, eut plusieurs enfants. Son huitième fils, Jean-François de Watteville, dit de Loin (1590 † 1655), gouverneur de Moudon, de Saanen, de Baden, comme son père, embrassa la carrière des armes ; en 1639, il leva à ses frais un régiment pour le service de France, régiment dont il fut le colonel, et qui, suivant l'usage, porta son nom. Ce fut le premier régiment français du nom de Watteville [2].

Ce corps prit une part glorieuse aux dernières guerres de Louis XIII, aux premières de Louis XIV. Sans parler des nombreux sièges, si fréquents alors, auxquels il assista, qu'il nous suffise de rappeler qu'à la bataille de Rocroy, formant brigade avec les régiments suisses de Molondin et de Roll, sous les ordres du baron de Sirot [3], ils furent lancés, par le maré-

chal de l'Hospital, pour attaquer de front les vieilles bandes espagnoles, jusqu'alors regardées comme invincibles. Après plusieurs charges furieuses, ils parvinrent à les enfoncer. Roll, Watteville et Molondin décidèrent la victoire.

L'Ex-libris de Jean-François de Watteville prouve que, comme son père, il avait l'amour des livres, mais il prouve en même temps l'influence de la France et du goût français. Celui du père est du plus pur style allemand,

---

1. En dehors de leur emploi en temps de guerre, les armoiries ont servi à maints usages : à affirmer le droit de propriété, comme nous venons de l'indiquer ; puis, placées aux limites des territoires, à faire reconnaître les droits de suzeraineté ; à servir de sauf-garde ; à proclamer, sur les potences, les droits de haute et basse justice, etc. Rappelons à ce propos que la ville d'Édimbourg avait fait poser sur ses potences ses armoiries, accompagnées de la singulière devise : « Sic itur ad astra » et de la traduction, plus singulière encore : « Voici le chemin du ciel. »

2. Pour le second régiment du nom, voir notre étude : *Le Régiment de Watteville, une page de son histoire, 1789-1892,* » brochure in-8°, Paris, 1898. Le Chevalier et Klincksieck, éditeurs.

3. Le baron Letouffe de Sirot, célèbre par sa bravoure chevaleresque, eut une fortune singulière. Il se vantait de s'être trouvé à trois batailles rangées où il avait combattu main à main trois rois : celui de Pologne, celui de Suède, celui de Danemark, et cela de si près qu'il avait enlevé à l'un son bonnet, à l'autre son écharpe, au troisième son pistolet.

celui du fils du plus pur style Louis XIV. L'écu, entouré par une lourde guirlande de feuillage, n'a pas non plus d'indications d'émaux par des hachures ; il est de forme absolument française. La Vierge du cimier, placée sur un casque posé de face, porte une couronne difficile à déterminer. A sa droite sont les lettres H. F. ; à sa gauche, V. W [1] (Hauteur 74 mm. Largeur 58 mm).

Le cuivre original de cet Ex-libris fait partie des collections de la Rittersaal de Berthoud ; nous en devons la communication à la bienveillance du directeur de cet établissement, M. le Dr Fankhauser, qu'il veuille bien agréer tous nos remerciements. On a fait en France une contrefaçon de cette gravure. Mais les dimensions diffèrent légèrement de celles de l'original ; elles sont un peu plus grandes et la couronne de la Vierge est un peu plus grosse.

§ III. Pour en finir avec les gravures sans désignations d'émaux, décrivons encore, d'après M. le pasteur Gerster, une pièce qui se trouve dans la Bibliothèque de la ville de Zofingen (canton d'Argovie) : « Elle est gravée sur cuivre et représente l'écu dans un cartouche ovale, style Renaissance, entouré d'une couronne de laurier et surmonté des trois lettres P. V. W. »

A qui l'attribuer ? Dans les xvie et xviie siècles, trois membres seulement de la famille ont porté des prénoms commençant par la lettre P. D'abord Petremann, seigneur de Wyl et de Hochstetten, membre du Conseil Souverain de Berne, qui vécut de 1535 à 1581, frère aîné de l'Avoyer Jean de Watteville, dont nous venons de parler plus haut ; puis, dans la branche des seigneurs de Chateauvilain, en Franche-Comté de Bourgogne, comme on disait alors, Pierre de Watteville, capitaine des Gardes du Cardinal Infant, grand d'Espagne, général de la cavalerie espagnole [2], en Catalogne, où il fut assassiné en 1631. Enfin, Philippe-François de Watteville de Joux, marquis de Conflans [3], comte de Bussolin [4], baron de Chateauvilain [5] et de Watteville, qui, lui aussi, commanda en chef la cavalerie espagnole au siège de Dôle, et qui força le prince de Condé, père du grand Condé, à lever ce siège, en 1635. Il mourut de la peste, l'année suivante, à Bletterans.

Les lettres P. v. W. ne peuvent, croyons-nous, s'appliquer aux membres de la branche franc-comtoise des Watteville. Lorsqu'à la fin du xvie siècle Nicolas de Watteville, marquis de Versoix [6], baron de Chateauvilain, chevalier de l'Annonciade et de la Toison d'or, quitta Berne et vint avec sa famille s'établir en Bourgogne, pour rester fidèle à la foi catholique, lui et tous les siens adoptèrent la langue française et signèrent tous les actes, non plus von Wattenwyl, mais bien de Watteville. Le v (von), placé entre le P. et le W, ne pouvait être employé par eux : tout porte à croire que cet Ex-libris revient donc à Petremann.

§ IV. M. le pasteur Gerster nous donne également la description d'un

---

1. H. F. V. W. Initiales de Hans (Jean), Franz (François) von Wattenwyl (de Watteville).
2. La Franche-Comté, rappelons-le, appartenait alors à l'Espagne.
3. En Tarantaise.
4. En Piémont.
5. En Franche-Comté.
6. Dans le pays de Gex.

autre Ex-libris que possède la Bibliothèque de la ville de Zurich. Il n'est gravé ni sur cuivre, ni sur bois ; il est peint à la main, c'est donc une pièce unique. Décrivons-la quand même : Elle nous montre l'écu aux armes, couronné, mais sans cimier, reposant sur deux palmes. Les lettres H. R. V. W. sont inscrites sur un listel, avec la date de 1695.

Ces initiales désignent Hans, Rudolph von Wattenwyl, né en 1672, qui fut directeur des salines (Salzfaktor), et qui mourut en 1746. On ne peut pas dire que la Suisse était alors tributaire de la France pour le sel, car, en vertu des traités d'alliance et d'autres encore, les sels français entraient francs de tous droits. Mais comme source de production nationale, la Suisse ne possédait que les salines de Bex. Or, sels français ou suisses, tout l'important service, que nous appelions service des gabelles, était centralisé entre les mains du Salzfaktor. Arrivons, maintenant, aux pièces dans lesquelles les émaux sont héraldiquement indiqués par des hachures.

§ V. En tête, il faut placer le bel Ex-libris de Marie-Angélique de Watteville [1], abbesse du Chapitre noble de Chateau-Chalon [2], de 1675 à 1700, date de sa mort.

Marie-Angélique était fille de Philippe de Watteville, dont nous venons

1. Nous devons la communication de cette pièce rarissime à la bienveillance de M. J. Gauthier, archiviste du département du Doubs, auteur d'un ouvrage intéressant sur les Ex-libris franc-comtois, et auquel nous adressons nos plus sincères remerciements.

2. La Franche-Comté possédait trois Chapitres nobles de Dames : Chateau-Chalon ; il fallait, pour y être admis, prouver seize quartiers de noblesse authentique, huit du côté paternel, huit du côté maternel ; aussi disait-on : les *Dames de Chateau-Chalon* ; puis Baume-les-Dames, où l'on était tout aussi exigeant, cependant on n'appelait les religieuses que les *Demoiselles de Baume* ; enfin, l'abbaye de Migette. Là, on ne demandait plus que huit quartiers en tout. Alors on les qualifiait tout simplement de : *Filles de Migette.*

de parler, et nièce de Don Carlos de Watteville, grand d'Espagne, chevalier de la Toison d'or, ambassadeur du roi d'Espagne en Angleterre. Ce fut comme tel en 1661 que, dans les rues de Londres, Watteville, ses gentilshommes et ses gens, livrèrent au comte d'Estrade, ambassadeur de Louis XIV et aux siens, un furieux combat qui dura huit jours, pour *prendre le pas* sur ce dernier. Watteville fut vainqueur, mais la querelle se termina en faveur du roi de France, qui, à dater de cette époque, eut partout les honneurs de la préséance. Elle eut aussi un résultat plus important et plus heureux. Après un siècle de négociations, il fut décidé que la préséance serait réglée à l'avenir uniquement par l'ordre alphabétique des puissances ; cette règle n'a jamais été violée depuis lors. Les services de don Carlos avaient été reconnus par le roi d'Espagne, qui l'avait nommé vice-roi de Navarre et de Biscaye. Nous aurons encore à reparler de lui plus loin.

Marie-Angélique était également la nièce de Don Juan de Watteville, (1614 † 1702), frère du précédent, et qui joua un rôle considérable dans les événements de 1668 et de 1674, lors de la réunion de la Franche-Comté à la France. Après une jeunesse plus qu'agitée, rentré en Franche-Comté, il constata que sa patrie était complètement abandonnée par l'Espagne, qui se contentait d'en tirer des hommes et de l'argent, sans la défendre contre les Suédois qui venaient de la mettre à sac, sans la protéger contre les menaces de la France, car alors le pouvoir était tombé entre les mains faibles et hésitantes du Parlement de Dôle. Watteville alors essaya de négocier avec le Sénat de Berne pour annexer sa province à la République. Ses intentions ne furent pas comprises. Sans se décourager, il se tourna du côté de la France ; il sut manœuvrer si habilement avec le parlement, la noblesse, la bourgeoisie, qu'en quinze jours Louis XIV put conquérir sans difficultés cette magnifique province. Le roi ne pouvant, par suite des refus du Saint-Père, faire nommer Don Juan archevêque de Besançon, lui donna la riche et célèbre abbaye de Baumes-les-Messieurs et lui octroya d'autres bénéfices encore. De plus, par ordonnance royale du 4 octobre 1674, enjoignant la démolition immédiate de toutes les places fortes appartenant soit à la province, soit à la noblesse, une seule de ces dernières fut exceptée, ce fut Châteauvilain, berceau de cette branche de la famille de Watteville.

Mais ce ne fut pas tout, et si nous avons insisté sur le rôle des deux frères, c'est en partie pour expliquer une mesure singulière, unique, croyons-nous, prise par le roi, qui, pour reconnaître les services que Don Juan et les siens lui avaient rendus, décida, par lettres patentes de mars 1668, que tant qu'il y aurait, à l'abbaye de Chateau-Chalon, des dames du nom de Watteville, en cas de vacance, l'une d'elle serait toujours et de *plein droit* nommée abbesse. En vertu de cette décision, à Marie-Angélique, morte en 1700, succéda sa nièce, Anne-Marie Dele, fille de Jean-Charles de Watteville, marquis de Conflans, lieutenant général des armées du roi d'Espagne, gouverneur du Luxembourg, chevalier de la Toison d'or (il mourut en 1699), et de sa femme Dele de Bauffremont. Anne-Marie Dele mourut en 1733. Elle fut remplacée, conformément aux lettres de Louis XIV, par ses trois nièces, filles de Charles-Emmanuel de Watteville, lui aussi lieutenant général des armées d'Espagne et lui aussi chevalier de la Toison d'or. Il avait épousé Thérèse de Mérode. Ces abbesses furent donc successivement une seconde Anne-Marie Dele, de 1733 à 1742; puis Anne-Marie, de 1742 à 1775; enfin Françoise-Elisabeth, abbesse de 1775 jusqu'au 13 février 1790, date de son expulsion du couvent, par suite du décret supprimant les congrégations religieuses.

Toutes les abbesses que nous venons d'énumérer étaient titrées, par Bulles spéciales, de princesses du Saint-Empire et portaient, en conséquence, la couronne ducale.

Cette couronne, sommée de la crosse abbatiale, nous la trouvons en effet au-dessus de l'écu en forme de losange de Marie-Angélique. Cet écu est entouré d'une cordelière à plusieurs nœuds. La pièce fut gravée, nous apprend M. J. Gauthier[1], par Pierre de Loisy; sa hauteur est de 108 ^{mm}, sa largeur de 89.

§ VI. Avec Alexandre-Louis de Watteville (1714 † 1781), l'écu de forme allemande est remplacé par un de ces écus baroques, que certains héral-

distes appellent italiens. Il est soutenu par deux griffons qui le regardent, placés chacun sur les chapiteaux de deux colonnes cannelées dont on ne voit que l'extrémité du fût; gravé sur cuivre, sa hauteur est de 52 ^{mm}, sa largeur de 61.

Cet Alexandre-Louis, châtelain de Nidau, haut commandant du Munsterthal, membre du Souverain Conseil de Berne et de la Chambre suprême du pays de Vaud[2], est connu surtout par son *Histoire de la Confédération helvétique*, 2 volumes in-12, qui eut plusieurs éditions[3]. Cet ouvrage est encore utilement consulté, et le fit nommer membre de l'Académie de Cassel.

§ VII. D'après cet Ex-libris, mais avec de grandes modifications, fut dessiné et gravé sur cuivre, par Robin, celui de Rodolphe-Charles-Louis de Watteville (1804 † 1853). Il a servi également à son fils (1835 † 1876),

1. Qui a bien voulu photographier pour nous l'original qu'il possède.
2. Alors sujet de Berne.
3. La première est de 1754.

aide de camp de l'infortuné Maximilien, qui fut bien peu de temps empereur du Mexique[1]. Quoique inspiré par celui d'Alexandre, il en diffère cependant. En effet, si l'écu a la même forme, les colonnes ont disparu et sont remplacées par une sorte de console. Des deux griffons qui le soutiennent, l'un est tourné et l'autre contourné. (H. 65^{mm}; L. 55^{mm}.)

Ces deux Ex-libris sont surmontés d'une couronne de comte.

§ VIII. Revenons maintenant à l'ordre chronologique, dont nous nous sommes un peu écartés, pour rapprocher l'un de l'autre ces deux écus qui, par leur style, présentent de si frappantes analogies; parlons d'une pièce singulière qui a pu aussi bien servir à l'ornementation d'un livre qu'à indiquer quel fut son possesseur. Est-ce un Ex-libris? un fleuron? une tête de page? Voilà qui est difficile à décider. M. le pasteur Gerster possède, croyons-nous, le seul exemplaire connu. Avec une bonne grâce dont nous

sommes très touchés, il a bien voulu nous autoriser à la faire reproduire en fac-similé. Quelle qu'elle soit, en voici la description : une colonne cannelée divise en deux parties égales la gravure (sur cuivre); à gauche, l'église et le château de Rümlingen ; à droite, un petit génie, appuyé contre la colonne, soulève une draperie et montre, dans un cadre, l'écu ovale surmonté d'un casque posé de face, ayant pour cimier la Vierge ailée couron-

1. Il appartient aujourd'hui au fils de ce dernier, le baron Charles de Watteville.

née à l'antique. (H. 45^{mm}. L. 90^{mm}.) Pour supports deux griffons, l'un tourné, l'autre contourné.

Ces divers attributs permettent de déterminer le nom du propriétaire. Il ne peut être que Nicolas III de Watteville, seigneur de Jegistorff, baron de Diesbach. Pour expliquer ce titre nouveau, ainsi que l'apparition du village de Rümlingen dans la pièce en question, il faut remonter un peu en arrière.

En décrivant l'Ex-libris de Jean-François de Watteville, nous avons dit que, pour le service de France, il avait levé à ses frais le premier régiment ayant porté notre nom. En 1646, il prit sa retraite et céda son régiment à son neveu, Albert de Watteville, qui en garda le commandement jusqu'en 1652, époque où, par mesure d'économie, le corps fut réformé. Mais le roi incorpora la compagnie colonelle dans le régiment des Gardes Suisses, en conservant Albert comme son chef : « pour reconnaître, est-il dit dans « les lettres patentes, les services que M. de Vatteville a rendu à Sa « Majesté pendant treize ans... la valeur qu'il a fait paraître au siège de « La Bassée, à ceux de Graveline, de Mardyck, où il s'est rendu recom- « mandable par ses belles actions et par diverses blessures qu'il a reçues. » En outre, en 1658, le roi lui accorda des « lettres de naturalité en con- « sidération de ses services passés et de ceux qu'il continuait à rendre « dans le régiment des Gardes Suisses, comme aussi du mérite singulier « de sa personne et de la noblesse très ancienne de sa maison[1]. »

Peu après, Albert se retira en Suisse. Il avait acheté en 1647 la baronnie de Diesbach. Il y fit construire un château, celui de Rümlingen, où il mourut en 1671, après avoir institué, comme légataire universel, son neveu Nicolas, seigneur de Jegistorff. C'est le petit-fils de ce dernier, également appelé Nicolas (1683-1751), qui fit graver la pièce qui nous occupe.

§ IX. Arrivons à l'Ex-libris le plus ingénieux et le plus artistique de tous ceux que nous avons décrits jusqu'à présent. C'est celui du colonel Gabriel de Watteville (1711-1778), châtelain de Beaumont, conseiller de guerre, membre du Conseil souverain de Berne.

Sur une tablette élégamment décorée, sont inscrits ces mots : « Ex-libris Gabrielis de Wattenwile (*sic*). » Au-dessus de la tablette, une lampe allumée (*trahimus lampadaï vitæ*); au-dessous, une épée, attribut de l'état militaire, puis des livres, une palette et ses pinceaux, une statuette, un globe terrestre, attributs des arts, des sciences et des lettres. Le tout est harmonieusement relié par des guirlandes de feuillages et de fleurs. La tablette repose sur une console qui porte, en son milieu, un écu triangulaire aux armes, sans couronne ni cimier; sur la bordure, la devise : « *Deo et patriâ* ». H. 75^{mm}, L. 90^{mm}.

Cette pièce a été dessinée et gravée par Dunker, un des meilleurs artistes suisses.

§ X. Après la mort de Gabriel, le cuivre original passa dans les mains du colonel Victor de Watteville (né en 1795), dont les descendants, au

---

1. C. F. La Chenaye-Desbois, troisième édition, t. XVIII, col. 1024.

service de la Hollande, sont établis en ce pays. Victor, au nom de Gabriel, substitua le sien et fit graver : « Ex-libris Victoris de Watteville (*sic*). » Son petit-fils, M. Willem Hendrich de Watteville, possesseur actuel de la planche originale, a bien voulu mettre à notre disposition cet artistique document ; nous lui en sommes on ne peut plus reconnaissants.

§ XI. Bien plus simple est l'Ex-libris de Charles-Emmanuel. Il était de la branche des seigneurs de Burgistein. Il porta les titres de baron de Belp

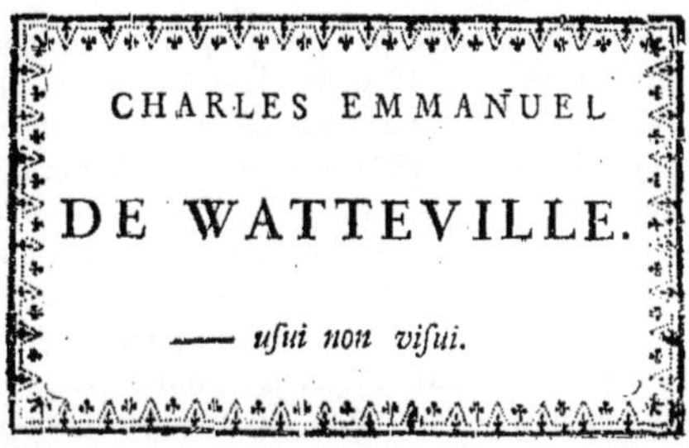

et de Diesbach ; il fut châtelain de Vivis et vécut de 1750 à 1803. Son Ex-libris n'est point gravé, il est tout simplement imprimé. Dans un cadre rectangulaire (H. 50 ᵐᵐ ; L. 78 ᵐᵐ), sans aucun ornement, se lisent, en caractères romains, ses noms et prénoms ; mais au-dessous, en italique, on trouve une charmante devise que les bibliomanes feraient bien de méditer : « *Usui non visui.* »

§ XII. Après l'Ex-libris imprimé, en voici un lithographié, et, à défaut d'autres indications, la lithographie prouverait immédiatement son origine toute moderne. Il a appartenu à Frédéric-Rodolphe de Watteville (1828-1880), théologien. L'écu aux armes est de forme allemande, entouré de lourds et énormes lambrequins. Il est surmonté d'un casque posé de face sur lequel se dresse la Vierge ailée, couronnée à l'antique. Sans listel, au-dessus de cette dernière, se lit la devise, allusive aux demi-vols du blason : *Mon vol perdure*. Au-dessous de l'écu, mais dans un listel. « Ex-libris F. R. de Wattenwyl ». Cette lithographie a été faite par Bergmann, de Genève. (H. 90 ᵐᵐ ; L. 70 ᵐᵐ.)

§ XIII. La plus récente de toutes les pièces que nous venons d'énumérer est celle qu'ont fait exécuter, en 1876, les deux frères, les barons Oscar et Olivier de Watteville, seuls représentants de la branche française actuelle de la famille. Le premier, né en 1824, est directeur honoraire des sciences et des lettres au Ministère de l'Instruction publique, où il a fait toute sa carrière administrative. Le second, né en 1830, est ancien inspecteur général des services administratifs au Ministère de l'Intérieur. Ils sont les fils du baron Adolphe de Watteville (1799 † 1866), également inspecteur général de première classe au même ministère, connu par ses importantes publications sur la législation charitable, sur l'économie politique, par ses nombreux rapports sur le paupérisme en France, étudié sous toutes ses

Ex libris de Watteville

faces. Sur cet Ex-libris, dessiné et gravé par Le Maire, on voit l'écu entouré de lambrequins ; issant d'une couronne de baron, la Vierge, ailée, couronnée de même. Au-dessous de l'écu, dans un listel, la devise de la famille, et sous ce listel, les initiales de l'artiste, L. M., en caractères microscopiques. (H. 70 ᵐᵐ ; L. 60 ᵐᵐ.)

LES FERS A DORER

§ 1. Commençons par celui de Jean-Charles de Watteville (le marquis Don Carlos de Watteville, des Espagnols dont nous avons déjà parlé [1]). Nous en devons également la communication à la bienveillance de M. J. Gauthier,

---

1. Voir § V, à propos de Marie-Angélique, abbesse de Chateau-Chalon.

VARVM PROTEGE
ALARV   ME DOMINE
SVB VMBRA

Ex Libris Victoris de Watteville

l'érudit archiviste du département du Doubs, qui possède dans ses collections le volume sur lequel ce fer est gravé : « Dans un médaillon ovale, dit-il, contenant un écu aux trois demi-vols posés 2 et 1, sommé d'une couronne de prince, entouré du collier de la Toison d'or. (H. 78 mm; L. 63 mm) [1]. »

§ II. Nous trouvons chez M. le pasteur Gerster la description d'un autre fer à dorer, qui appartient à Mme la comtesse Diodati-Eynard, de Genève :

« Dans un cadre rectangulaire, l'écu ovale des Watteville, surmonté d'une couronne, est posé sur une montagne de trois coupeaux, et est soutenu par deux lions menaçants (xviie siècle).

§ III. Cette fois, c'est dans l'*Armorial du Bibliophile*, de M. J. Guigard, que nous allons puiser :

« Vatteville (Marie-Louise-Phélippeaux de Pontchartrain, marquise de Conflans, née en 1714, morte en 1778). Elle avait épousé, le 12 mai 1729, Maximilien-Emmanuel de Watteville de Conflans, marquis de Trélon en Hainaut. De gueules à trois demi-vols d'argent qui est de Vatteville; accolé

de Phélippeaux de Pontchartrain, qui est d'azur semé de quintefeuilles d'or, au franc quartier d'Hermines. » (H. 65 mm; L. 52 mm.) — Voir page 126.

---

1. *Les Ex-libris franc-comtois*, par J. Gauthier, p. 29.

Il faut enfin s'arrêter devant cette longue (trop longue peut-être) énumération, car voici le moment où le combat doit finir, faute de combattants. Sommes-nous complets? Nous n'oserions le dire. Il est difficile de glaner après M. le pasteur Gerster. Si cependant des hasards heureux nous permettaient un jour d'ajouter à cette étude, nous oserions encore compter

sur la bienveillante hospitalité que nous accorde la Société des collectionneurs d'Ex-libris, sur l'indulgence du lecteur, auquel nous adressons la phrase qui termine invariablement les pièces du théâtre espagnol : « Pardonnez aux fautes des auteurs ! »

MACON, PROTAT FRÈRES, IMPRIMEURS.

www.ingramcontent.com/pod-product-compliance
Ingram Content Group UK Ltd.
Pitfield, Milton Keynes, MK11 3LW, UK
UKHW021719090726
13657UKWH00005B/2346